AF371051

SOCIÉTÉ

HISTORIQUE DU RAINCY

& ENVIRONS

✦ ✦ ✦

(ANCIENNE SOCIÉTÉ DES AMIS DE LA BIBLIOTHÈQUE DU RAINCY)

EXTRAIT DU BULLETIN D'OCTOBRE 1924

ESPAULLARD : **Les Amours d'un Prince.**

LOUIS-PHILIPPE, DUC D'ORLÉANS, EN COSTUME DE CHASSE.

D'après une aquarelle de Carmontelle.

LES AMOURS D'UN PRINCE

LOUIS-PHILIPPE D'ORLÉANS
Mlle LE MARQUIS A VILLEMOMBLE
Mme DE MONTESSON AU RAINCY

Par H. ESPAULLARD

I

Le 21 février 1767, par-devant Me Dela-leu, notaire à Paris, Jean-Baptiste-Paulin d'Aguesseau de Fresne, conseiller d'Etat et maître des requêtes honoraire, posses-seur de la terre-seigneurie de Villemom-ble depuis deux ans par l'acquisition qu'il en avait faite de Charlotte-Benigne Le Ra-gois, veuve de Montmirail, vendait cette seigneurie, ainsi que le fief des Vieilles-Vignes et la terre de Noisy-le-Sec qui s'y rattachaient, à Son Altesse Royale Louis-Philippe duc d'Orléans, moyennant le prix principal de 209.000 livres.

Le même jour, Monseigneur le duc d'Or-léans passait déclaration de son acquit au profit de Dame Etiennette-Marie-Pèrine Le Marquis, fille majeure... sa maîtresse.

**

Petit-fils du Régent de scandaleuse mé-moire, fils de l'austère Louis d'Orléans et de la grosse et douce Marie de Bade, Louis-Philippe, ancien duc de Chartres (d'Orléans après la mort de son père arrivée en 1752), avait été marié tout jeune à Henriette de Bourbon-Conti qui n'avait pas tardé à lui faire jouer outrageusement un rôle molié-resque.

C'était donc par représailles, ou plutôt pour oublier les oublis de son inconstante épouse qu'il avait fini par courir, lui aussi, la prétentaine (1).

---

(1) Le marquis d'Argenson, qui était au cou-rant de bien des petits secrets de la vie conjugale du duc de Chartres (d'Orléans) explique comment, dès novembre 1748, les deux époux se laissaient liberté réciproque.

« Chacun procède, dit-il, à ses plaisirs particu-liers de son côté. Le duc a une petite maison dans les faubourgs, et voit des filles en prenant certai-nes précautions. Il faut convenir que ces divorces si communs aujourd'hui peu d'années après le ma-riage viennent toujours par la faute des femmes. » (D'Argenson, Mémoires, t. V. p. 279.)

Et quelques mois plus tard :

« Le duc est entouré de misérables godelureaux qui le portent à toutes les dépenses du libertinage on le fait courir toutes les nuits de boucans en boucans, de petites maisons de courtisanes, de vins et de débauche...; il ne se couche jamais que le matin ; il dort peu et s'échauffe le sang. »

Le *Journal* de Barbier nous apprend que Mademoiselle Deschamps « fille d'Opéra et danseuse dans les chœurs » avait obtenu la première l'honneur de le consoler. Mais elle n'avait été pour lui qu'une passade ; il s'en était vite lassé, ainsi que de plusieurs autres.

Un soir que dans une de ces goguettes renouvelées de celles qu'aimait son aïeul le Régent, les œillades et les sourires des courtisanes semblaient le laisser indiffé-rent, — lassitude ou vague à l'âme, — une nouvelle soupeuse avait pourtant réussi à l'intéresser.

Par désœuvrement, par passe temps de libertin plus peut-être que par exigence de tempérament, il avait accueilli les avances de cette femme.

Mademoiselle Marquise, ou plutôt Le Marquis, ainsi s'appelait la nouvelle ve-nue (2), appartenait, comme Mlle Des-champs, au corps de juponnerie légère des danseuses. C'est à la Comédie Italienne qu'elle exhibait chaque soir son corps souple et bien moulé (3).

---

(2) D'aucuns ont dit que notre héroïne aurait été appelée Mademoiselle Marquise « en mémoire et en dérision » de ce que son premier amant connu, M. de Villeroy, était marquis. Nous ne le croyons pas. Les actes officiels la nomment tou-jours Mademoiselle Le Marquis ; elle signe ainsi, et le sobriquet de Marquise paraît n'être qu'une féminisation diminutive n'ayant rien de péjoratif : au contraire.

(3) Voir Collé et Combrouse, ci-après cités. Suivant d'autres, Mlle Le Marquis aurait appar-tenu aussi, comme Mlle Deschamps, à l'Opéra.

Le 30 octobre 1773, Mlle Arnoux de l'Opéra écrivant au duc d'Orléans, pour lui demander la permission de tirer un feu d'artifice sur le Palais Royal, à l'occasion de la naissance de M. le duc de Valois, s'exprime ainsi :

Monseigneur,

Le théâtre lyrique semble plus spécialement que les autres dévoué à vos amusements et à ceux de votre auguste maison, et par l'honneur que nous avons eu de représenter longtemps dans votre pa-lais et par celui d'être en quelque sorte vos com-mensaux à raison des communications que vous avez bien voulu nous conserver. Des titres plus flatteurs vous attachent le sexe de ce spectacle. Il se rappelle que deux beautés tirées de son sein ont eu le bonheur de partager votre couche, de

Son origine était plus que modeste. On a dit qu'avant d'entrer au théâtre elle avait été écaillère (4). Ce n'est pas prouvé ; puis qu'importe : dans tous les rangs n'est-il pas naturel de chercher à s'élever ?

Lorsqu'en 1757 elle attira l'attention du duc d'Orléans, elle avait été, était peut-être encore la maîtresse de M. de Neuville, marquis de Villeroy, qu'elle avait effrontément trompé avec le financier Villemur (5) et dont pourtant elle avait une fille, Anne-Camille, probablement reconnue puisque nous la verrons porter par la suite le nom de Neuville (6).

Ainsi lancée, très à la mode, Mademoiselle Le Marquis avait somme toute fait son éducation de « femme distinguée ».

Il n'était donc pas téméraire pour elle d'entreprendre la conquête du Prince.

Pour le fixer, elle s'était avisée de lui donner des enfants. Ce fut d'abord un fils : Louis-Etienne, venu au monde à Paris, le 21 février 1759, quelques jours seulement après la mort de la duchesse d'Orléans (8 février) ; puis deux jumeaux nés à Chareuton, le 7 juillet 1761, une fille : Etiennette-Marie-Périne, et un autre garçon : Louis-Philippe.

Cette triple paternité avait effectivement renforcé la liaison, car le duc aimait sa progéniture. Il avait un tempérament très marital. Puis l'âge de la maturité avait marqué vite sur lui son empreinte.

Au-moment où nous le voyons établir sa maîtresse à Villemomble, il avait écorné, de deux années, la quarantaine.

Grand, gros, robuste, joufflu, déjà bouffi, le teint coloré, solide mangeur, il ressemblait à sa mère, la feue princesse Marie-Jeanne de Bade, n'ayant rien de ses aïeux français pour la complexion et la sentimentalité.

On l'appelait le « gros Philippe ».

On le disait bon, facile, égal dans la société, de peu d'esprit mais doué d'assez de bon sens, capable d'amitié plus par bonhomie que par sentiment ; voyant assez juste loin de l'occasion et faisant souvent mal par faiblesse lorsqu'elle était arrivée ; prodigue de l'argent des caisses de ses trésoriers, surtout pour ses fantaisies, mais en même temps avare de celui de sa poche et pour les dépenses qu'il avait sous les yeux (7).

Bref, c'était un assez brave homme, charitable, plein de cœur... et naïf en amour.

Ce n'est pas par hasard qu'il avait jeté son dévolu sur Villemomble pour y loger sa maîtresse.

Dès 1750-1755, alors qu'il habitait Bagnolet et ne portait encore que le titre de duc de Chartres, il venait courir le cerf, avec la meute de son père, dans la forêt de Bondy-Livry. Il avait à Clichy-en-l'Aulnoy, en plein

---

mêler leur sang au sang illustre qui coule dans vos veines et de recevoir de vous dans leurs flancs des gages chers de leur union avec V. A. Ce seront des événements glorieux, à jamais consacrés dans nos fastes. (**Mémoires secrets** de Bachaumont et ses continuateurs.)

En note, l'auteur des **Mémoires** explique :

« Mlle Deschamps, tirée des chœurs de l'Opéra et Mlle Marquise aussi ; cette dernière est aujourd'hui Mad. de Villemomble et a des enfants du duc d'Orléans. »

(4) Née à Dinan (Bretagne) en 1737, elle serait entrée au théâtre en 1754, à l'âge par conséquent de 17 ans ; elle y resta jusqu'en 1759, c'est-à-dire jusqu'au moment de sa grossesse des œuvres du duc d'Orléans, comme il est dit ci-après. Elle était devenue la maîtresse du duc à la fin de 1757 ou au plus tard au début de 1758, donc à l'âge de 20 ans.

(5) **Journal des Inspecteurs de M. de Sartines,** 21 août 1761 : « tout le monde sait les bonnes plumes que la demoiselle Marquise, aujourd'hui à M. le duc d'Orléans, a tiré de M. de Villemur, le financier, lorsqu'elle n'appartenait encore qu'à M. de Villeroy. »

Il y avait deux financiers du nom de Villemur : deux frères. Ils étaient fils de F...on de Villemur, fermier général, receveur des finances de la Généralité de Paris et garde du trésor royal, mort en 1753 laissant à sa veuve et à ses deux enfants une quarantaine de millions à se partager.

L'aîné des deux frères, fermier général, « renchérissait encore sur les prodigalités de son père », qui pourtant avaient été considérables ; il avait quarante chevaux de selle dans ses écuries.

Le cadet, receveur des finances de la Généralité de Paris « se ruinait avec plusieurs personnes de la plus moyenne vertu ». Il remit une fois à Mlle Clairon vingt mille louis pour une seule journée. (H. Thirion, **La vie privée des financiers** au XVIIIe s.)

On ne sait lequel des deux frères sacrifia à Mlle Le Marquis.

(6) Cette fille devint Madame de Vassan et fut mère des comtesses de Gouy d'Arsy et de Nieuverkerque ; nous en reparlerons vers la fin de cette étude.

(7) C'est l'appréciation que Bésenval et d'Argenson portent sur lui dans leurs mémoires.

Il faisait employer chaque année en bienfaits 200.000 livres de rentes.

Sur la liste des 466 personnes qui bénéficient en 1785 d'un de ses gratifications figurent plusieurs petites gens de notre région et notamment, sous le n° 304, la rosière de Romainville couronnée en 1783. Elle est inscrite pour 215 livres.

Le duc d'Orléans reçut le prix de sa bonté lors de l'incendie du Raincy survenu le 2 mai 1773.

Les habitants des villages voisins franchirent les murs du parc pour apporter de plus prompts secours et son humanité dans cette occasion prouva bien à quel point il était digne de l'amour qu'on lui témoignait ; il n'était occupé que des dangers où s'exposaient ceux qui s'empressaient le plus à combattre le feu.

Cette maison qu'il venait d'embellir (il en avait fait l'acquisition en 1769 comme nous allons l'expliquer) et qui était sur le point d'être la proie des flammes n'attirait plus son attention, celle-ci était tout entière employée à prévenir les accidents qui pouvaient arriver.

Le feu avait pris à 8 heures du soir, il dura jusqu'à 5 heures du matin. Sans l'aide des pompes venues de Paris tout le château eut été consumé.

Du pavillon ovale faisant le milieu du corps principal, il ne resta que les murs.

On trouvera sur cet incendie et sur les travaux de réfection qui s'en suivirent tous détails dans notre **Histoire foncière, architecturale et décorative du Raincy,** livre II, chap. 5.

cœur des bois, une maison pour loger ses équipages (8).

Sa passion pour la chasse l'avait conduit à demander en 1758 le commandement de la capitainerie royale de Livry, vacant par le décès de Paul Sanguin (9).

Il connaissait donc bien notre région, appréciait ses ressources et sans doute, en achetant pour sa maîtresse le domaine de Villemomble, envisageait-il déjà la possibilité d'abandonner Bagnolet pour s'installer au Raincy.

Son entrée dans ce dernier domaine suivit en tout cas de peu celle de Mademoiselle Le Marquis à Villemomble car, si le contrat officiel d'acquisition du Raincy-Livry, passé en minute devant Lhomme, notaire à Paris, porte la date du 31 décembre 1769 (10), on sait d'autre part que dès le 10 août de l'année 1768 l'architecte Piètre avait commencé les travaux d'aménagement du Raincy à la convenance du Duc et que celui-ci utilisait la demeure en septembre (11).

D'ailleurs, le 9 mai 1769, la vente de Bagnolet était faite aux sieurs Ageron et Jallasson (12).

Quant aux motifs de l'acquisition du Raincy par le Duc ils paraissent multiples.

Un texte officiel nous apprend d'abord que c'était en vue d'éteindre un procès foncier avec le marquis de Livry (13) ; un autre, que c'était en considération des chas-

ses giboyeuses offertes par la forêt (14).

Ces textes sont peu galants : ils oublient que le Prince se rapprochait aussi de sa maîtresse ; et nous voulons croire que cette commodité n'était pas à ses yeux le moindre des avantages obtenus, car il comblait alors Mlle Le Marquis des témoignages publics de son affection, bien que... mais n'anticipons pas !

II

A peine libéré de sa femme et du mariage, — après de superbes funérailles faites à dix heures du soir, auxquelles il s'était dispensé d'assister, — le duc d'Orléans, en effet, heureux de sa liberté, s'était hâté d'en profiter.

Il avait affiché ouvertement sa maîtresse : c'était sa revanche d'un passé conjugal qui n'avait que trop prêté aux railleries.

Dès lors Mlle Le Marquis avait commandé en souveraine dans les diverses résidences du Prince.

Les familiers du Palais Royal et de Villers-Cotterets reconnaissaient son autorité, s'inclinaient devant elle, et les petites maisons que le Duc avait dans les faubourgs Saint-Martin et du Roule, ouvraient et refermaient leurs portes discrètes au signal de son éventail.

Galants soupers, chasses, concerts, spectacles, elle était de toutes les parties de plaisir, et souvent elle avait un rôle dans les impromptus et parades jouées sur les théâtres de Bagnolet et du Palais-Royal, puis sur celui du Raincy dont Collé était le fournisseur habituel.

C'était entre les deux amants comme un défi de prévenances aimables, un assaut de délicates surprises, et si Mlle Marquis procurait au Prince des divertissements préparés en cachette, il les lui rendait avec usure. Fêtes de jour, fêtes de nuit se succédaient sans relâche autour d'elle. La plus légère circonstance y donnait lieu, y servait de prétexte.

A l'occasion d'un voyage d'agrément qu'elle avait fait en Hollande pendant l'été de 1763, Collé composa, sous le titre de *Vaudeville sur les Pays-Bas*, une série de couplets qui débute ainsi :

1

Des marchands que le diable berce
Vont au Mexique, vont en Perse
Porter leurs pas.
Amants, sans faire de traverse,
Tenez-vous-en au doux commerce
Des Pays-Bas.

2

Ce n'est point ses épiceries,
Son tabac, ni ses broderies
Dont on fait cas.
Mais fine chemise de Frise
Donne goût pour la marchandise
Des Pays-Bas.

---

(8) Voir **La Forêt de Bondy**, chap. XVII. On a le plan de cette maison levé en 1786 par l'architecte Piètre ; il est reproduit dans notre **Histoire foncière, architecturale et décorative du Raincy**.

Louis-Philippe l'avait achetée, le 5 février 1751 du sieur Joseph-Joachim Goblet et consorts pour la somme de 29.000 livres, dont 9.000 pour le mobilier.

D'Argenson écrit dans ses Mémoires, en avril 1752 : « M. le Duc d'Orléans prend un grand goût pour Bagnolet et sa maison de chasse de Clichy-la-Varenne. » Mais il ne saurait y avoir de confusion. Louis-Philippe avait bien à Clichy-sous-Bois, près de Livry, de quoi loger ses chevaux et sa meute, et, sur le registre de catholicité de Livry, on trouve en 1750, la mention d'Antoine Vacher « boulanger de l'équipage de S. A. S. Mgr le duc d'Orléans à Clichy ».

(9) Voir **La Forêt de Bondy**, chap. XVIII.

(10) Vente à Mgr le duc d'Orléans par M. le Marquis et Mme la Marquise de Livry de la terre seigneurie et chatellenie de Livry, composée des terres de Livry et Sevran, moyennant un million de Livres.

(11) Pour plus amples explications, voir **Histoire foncière, architecturale et décorative du Raincy**, Livre II, chapitres 1, 4 et 5.

(12) Des lettres patentes du 21 août 1769, enregistrées au Parlement le 6 avril 1770 confirmèrent la vente faite par Mgr le duc d'Orléans aux sieurs Ageron et Jallasson de la terre seigneurie de Bagnolet et fief de Maulny, par contrat du 9 mai 1769, moyennant 270.601 livres et transportèrent la substitution dont cette terre était grevée sur la terre et seigneurie de Livry.

(13) Lettres patentes de novembre 1770 qui contiennent cette phrase : « Ayant acquis la terre et seigneurie de Livry cy devant appartenant au Marquis de Livry, dans le but d'éteindre le procès foncier qui subsistait entre eux... »

---

(14) Ce fut plutôt la raison qui conduisit à l'acquisition de la forêt royale, faite le 9 octobre 1770, par échange avec la principauté de La Roche-sur-Yon.

Tel était le ton du jour et chacun se croyait obligé de rechercher les propos grivois pour se maintenir au diapason des autres (1).

« Dans les petits soupers que fait M. le duc d'Orléans avec Mlle Le Marquise, aujourd'hui Mme de Villemomde (Villemomble), lisons-nous encore dans les Mémoires de Bachaumont, on se livre à cette aimable gaîté, à cette liberté franche qui fait l'âme de la société, et que les princes seraient trop malheureux de ne pas connaître. Les gens de lettres qui ont l'honneur d'y être admis, excités par tout ce qui peut aiguiser l'esprit, y produisent d'ordinaire des bons mots, des saillies, des chansons délicieuses. On parle d'une, entre autres, faite dans un de ces festins, où l'on retrace d'une façon naïve les amours du héros de la fête. »

Il n'y avait pourtant de naïf en l'occurence que l'avis exprimé par Bachaumont, qui semble prendre la chanson dont il s'agit pour une idylle et une innocente pastorale, tandis que c'est une peinture très libre, très décolletée des amours du duc d'Orléans et de Mlle Le Marquis.

Aussi ne pouvons-nous la reproduire ici et c'est regrettable, car il s'y rencontre quelques traits qui, dans une certaine mesure, donneraient l'idée des agréments physiques dont l'ancienne danseuse était pourvue.

D'ailleurs nous avons mieux que les descriptions plus ou moins exactes de ces faiseurs de couplets madrigalesques, qui n'entrevoyaient leurs amphitryons qu'à travers la fumée des festins, la griserie des vins et des rires.

Le buste de Mlle Le Marquis a été taillé dans le marbre par le sculpteur Defernex, en 1766. Nous ignorons ce que cette œuvre est actuellement devenue, mais on peut en voir le dessin gravé dans les *Monuments de la Maison de France*, par G. Combrouse (Paris, 1856, in-folio).

Le copiste a représenté Mlle Le Marquis de profil. Elle est en Diane chasseresse, à peine vêtue d'une tunique légère, un sein libre, car elle n'a rien de laid à dissimuler, et porte fièrement le carquois traditionnel. Elle a vraiment grand air. On pourrait seulement lui reprocher un peu trop de vigueur, des traits plus fermes que séduisants, plus de sécheresse que de charme. Mais n'est-ce pas surtout la pointe du graveur qui manqua de souplesse et ne sut rendre qu'imparfaitement les délicats modelés du statuaire ? (2).

---

(1) L'année précédente, Bachaumont écrivait : « On se communique sous le manteau de petits vers polissons de M. l'abbé de Voisenon sur Mlle Le Marquis, maîtresse de M. le Duc d'Orléans. Tout cela est charmant et est marqué au coin de la plus fine galanterie. » (*Mémoires*, tome I, 5 janvier 1762.)

Les mœurs étaient si « faciles » que le Marquis de Villeroy, ancien amant de Mlle Le Marquis, plaçait auprès de celle-ci, comme demoiselle de compagnie, sa nouvelle maîtresse Mlle Montalet et le Duc d'Orléans trouvait bon de chaperonner ces gens-là.

« M. le Marquis de Villeroy, lit-on dans le **Journal des Inspecteurs de M. de Sartines**, à la date du 25 février 1762, est parti depuis quelques jours pour se rendre à Nîmes où est son régiment. Mlle Montalet, sa maîtresse, est à Villers-Cotterets, chez M. le Duc d'Orléans, avec Mlle Marquise, à qui elle fait compagnie.

« Mlle Montalet a des arrangements prêts avec M. le Prince de Condé, pour en faire porter au Marquis de Villeroy à la première occasion et certainement, si ce prince va cette fois à Villers-Cotterets, comme il y a tout lieu de le croire, son affaire est faite.

« Ce serait fort plaisant si ce Prince, par la suite, allait prendre un goût décidé pour la demoiselle Montalet. M. le Marquis de Villeroy pourrait à juste titre être regardé comme le casse-cou des princes, autrement dit le déboureur. »

---

(2) Le plus jeune fils de Mlle Le Marquis, abbé de St-Albin, avait donné ce buste à M. J. Bucquet, « pour services rendus ». Celui-ci, en 1840, l'avait cédé en échange d'anciennes monnaies au collectionneur J. Rousseau. Combrouse le vit chez ce dernier vers 1855 ; « il est en marbre, dit-il, plus grand que nature, et d'une belle exécution ».

Le sculpteur Jean-Baptiste Defernex est peu connu de nos jours. Pourtant il a joui d'une certaine réputation et il a beaucoup produit, surtout en portraits.

Né en 1729, admis à l'Académie de Saint-Luc le 17 octobre 1760, professeur avant 1769, il était le sculpteur attitré du Duc d'Orléans. Sa demeure fut d'abord à Paris rue Saint-Honoré, paroisse St-Eustache, ensuite rue Poissonnière (1769), puis rue Mêlée (1776). Il mourut en mai 1783.

Sa première œuvre, buste de bronze aujourd'hui conservé à la bibliothèque Mazarine, représente un acteur sur la poitrine duquel on lit : De Fernex fecit, âgé de 21 ans, 1750.

Vers 1755, il exécuta pour la manufacture de Sèvres des figurines d'après les dessins de Boucher.

En 1750, il fait le portrait de Mme de Fondville, terre cuite qui porte la marque d'un talent déjà mur (se trouve au musée du Mans).

Il prend une grande part à l'exposition de l'Académie de Saint-Luc de 1762 : prince Repnin ambassadeur de Russie, buste en plâtre ; feu le duc de Valentinois, buste en bronze ; comte et comtesse de Saint-Simon, deux bustes en plâtre ; Madame Favart, buste en terre cuite ; petites figures diverses : tailleur de pierre, écailleuse d'huitres, bénédicité, mangeuse d'œufs.

En 1763, la salle de l'Opéra, dépendance du Palais-Royal, ayant brûlé, le duc d'Orléans en prit occasion d'une restauration générale. Defernex fit alors (vers 1768) deux trophées d'armes à l'attique de l'avant-cour et deux groupes d'enfants en plomb doré supportant les lanternes du grand escalier.

Après le buste de Mlle Le Marquis, il travaille pour le tombeau du président de Montmort (1760), fait le portrait de la comtesse de Béthune : petit buste en terre cuite, 1772.

En 1774, il expose encore à l'Académie de Saint-Luc : M. de Sartines, buste en ... abbé de Breteuil, buste en plâtre ; M. Legrand, buste en terre cuite, et diverses autres figures.

Le baron Desnoyers, buste en bronze, demi-nature, 1780, est passé à l'hôtel Drouot le 14 mars 1910. Un autre buste en marbre daté de la même année, qui y était passé en 1856, marque au témoignage d'un contemporain (A. d'Espaulart) le déclin du talent de Defernex.

La haute position des modèles de ce sculpteur est évidemment l'indication d'un rang prépondérant dans l'opinion publique : car alors comme au-

Nous inclinons à le croire, car si notre supposition est fondée, c'est précisément le marbre de Defernex représentant Mlle Le Marquis qui aurait fait partie de la collection La Béraudière dispersée en vente publique les 12-28 mai 1885 : c'est lui qui serait porté sur le catalogue de cette collection comme représentant... Mlle Clairon I(3)

Or, la photogravure, malheureusement assez petite, qui accompagne le catalogue, montre une figure avenante, gracieuse et douce. Il s'en dégage comme un parfum d'aménité et de droiture qui correspond bien aux qualités morales prêtées à Mlle Le Marquis.

Suivant Collé, qui l'a beaucoup connue, « elle était franche, serviable, la meilleure enfant du monde...; elle avait beaucoup d'esprit naturel, du goût, un tact délicat. »

Collé lui a reproché cependant de « vouloir aller à l'épargne » ; il laisse entendre qu'elle avait quelque penchant pour l'avarice. Mais comme il lui fait ce reproche à propos d'une fête organisée par lui et qu'il se montre surtout furieux de ce qu'un *canon* à quatre voix, sur l'effet duquel il comptait beaucoup, n'ait pas été chanté par suite du refus de « cette belle demoiselle » de se procurer des musiciens, il ne faut voir dans ses reproches qu'une manifestation de dépit.

Avec le temps, d'ailleurs, les divertissement du couple changeaient d'allures. Les sentiments du Duc pour sa maîtresse s'étaient épurés. Aux fêtes légères, aux joyeux soupers du début de la liaison avaient fait place des plaisirs assagis.

Le prince se rangeait.

Il n'était plus agité comme autrefois par les chagrins domestiques qui l'avaient si longtemps aigri, humilié, contraint de s'étourdir ; il ne craignait plus ce ridicule qui, malgré le relâchement des mœurs de l'époque, s'attachait sans pitié aux victimes des infortunes conjugales, et se traduisait par des épigrammes et des chansons.

Il avait trouvé une amie sincère dans Mlle Le Marquis, et, dans les enfants qu'il en avait eu, il voyait de petits êtres intéressants, dignes de sa tendresse et dont l'avenir éveillait sérieusement ses sollicitudes.

Le côté marital de son tempérament avait pu s'épanouir à l'aise et son faux ménage était devenu comme un vrai ménage.

Mais le péril du bonheur calme n'est-ce pas quelquefois la satiété ?

---

jourd'hui on ne s'adressait guère pour 'e portrait qu'aux artistes dont la renommée avait consacré le talent.

(3) N° 769. Marbre blanc ; beau buste de Mlle Clairon, le sein couvert en partie par une draperie et portant sur le dos la partie supérieure d'un carquois garni de flèches et retenu par une banderolle qui traverse la poitrine. Par J. B. Defernex en 1766. Hauteur o m. 72. — Vendu 8.900 francs.

III

Or, depuis quelque temps, le crédit de Mlle Le Marquis ne paraît plus être le même qu'autrefois. Son étoile semble pâlir. Le duc d'Orléans est moins assidu auprès d'elle, moins attentif à lui plaire, moins exact à la consulter. Il la prie de moins en moins souvent d'assister aux fêtes qu'il donne tant à Villers-Cotterets qu'au Raincy.

Pendant longtemps, le Prince n'avait guère invité à ces fêtes que des hommes et des figurantes, et Mlle Le Marquis y brillait ainsi sans concurrence.

Maintenant Son Altesse s'entoure de femmes de qualité : Mmes de Luxembourg, de Beauvau, de Montesson, de Gramont, etc. On joue la comédie, on fait de gais et longs repas, on chasse, on cause, tout cela en l'absence de la pauvre maîtresse en titre, qui avait pris une si douce habitude de régner dans ces mêmes lieux, où elle n'est plus que rarement appelée.

Hélas ! c'est qu'une rivale s'est révélée, qui cherche à disputer à Mlle Le Marquis le cœur du duc d'Orléans. Aimable, spirituelle, guère plus jeune qu'elle pourtant, mais d'une figure agréable et mutine, cette rivale a déjà fait bien du chemin dans les bonnes grâces de Son Altesse.

Mme de Montesson — car c'est d'elle qu'il s'agit — est adroite : elle ne brusquera rien, elle conduira le siège avec lenteur, avec prudence, en tacticienne consommée. Elle sait qu'une chaîne comme celle qui unit le Prince à Mlle Le Marquis n'est pas de celles qu'on peut rompre du jour au lendemain.

Outre le joug d'une longue habitude, toujours difficile à secouer, il y a pour le Duc, au fond de cette liaison, comme un engagement tacite d'honneur, un devoir sacré à remplir envers trois enfants et leur mère, auxquels il est sincèrement attaché et qu'il n'oubliera jamais, car le Prince est honnête homme : son cœur est droit et loyal en amour comme en affaires. (1)

Dès lors il faut ménager ses susceptibilités de sentiments, ses délicatesses de conscience : mais il a le caractère faible et il est un peu frivole ; il aime les plaisirs, les assemblées, le théâtre surtout, et c'est de ce côté là que Mme de Montesson dirigera ses coups, qu'elle a commencé l'attaque.

⁂

Monseigneur le duc d'Orléans, lisonsnous dans le *Journal* de Collé à la date d'octobre 1766, a fait cet an un voyage à Villers-Cotterets où il s'est beaucoup amusé : il y a donné des fêtes, a joué la comédie avec des femmes du grand monde : Mme de Montesson, Mme de Ségur et Mme de Barbantane étaient les actrices. La première a paru réunir tous les talents. M. le duc

---

(1) « Homme de parole et haut comme doivent être les princes », écrit d'Argenson.

Pourtant Besenval le juge : « peu scrupuleux à tenir sa parole ».

d'Orléans lui-même m'a dit avec une espèce d'enthousiasme que cette femme jouait aussi naturellement dans le sérieux que dans le comique. Il n'y a point d'éloges qu'il ne m'en ait faits, et ce fut en ce moment que, dès lors, je lui soupçonnai du goût pour elle.

Je ne sais si mes conjectures se vérifieront, mais voici ce qui est arrivé pendant ce temps-là.

Mgr était à Bagnolet avec Marquise ; celle-ci était habillée en homme ; ils étaient prêts à partir pour la chasse. Mgr le duc de Chartres arrive ; il vient surprendre son père... Il fait des politesses et dit des choses obligeantes à Marquise.

Quelques jours après, son père écrivait à cette dernière que la surprise que lui a faite son fils à Bagnolet l'oblige, pour la décence, à la prier de vouloir bien qu'il ne la voie plus que chez elle et qu'elle ne revienne plus à l'avenir, ni à Bagnolet, ni au Palais-Royal.

Cette lettre, que le Prince montra à quatre ou cinq de ses courtisans, avant de l'envoyer, est bientôt devenue presque publique. Pendant dix ou douze jours, l'on disait tout haut à la Cour et à Paris que Marquise était quittée et que le Prince était arrangé avec Mme de Montesson. Celle-ci, dit-on, s'est désolée et se désole encore de ces bruits cruels · jure qu'elle ne remettra plus le pied au Palais-Royal ; pleure, gémit, et ne persuade personne ; le temps seul la justifiera.

L'affaire en est là actuellement : Marquise se flatte toujours un peu. Mgr a retourné chez elle ; il y a même couché, avec affectation, pour faire cesser ces bruits ; mais toutes ces bonnes façons du Prince, qui les lui doit et qui est assez équitable pour les avoir, ne prouvent encore rien en sa faveur. La prière (ou l'ordre) de ne plus revenir chez M. le duc d'Orléans n'en subsiste pas moins.

La surprise de M. le duc de Chartres, à Bagnolet, a tout l'air d'avoir été concertée avec son père. Cette surprise a vraisemblablement été arrangée à Villers-Cotterets. Les auteurs anonymes en doivent être Mme de Montesson, d'abord, et ensuite toutes les femmes du Palais-Royal, qui ont intérêt et qui désirent de *décazaner* le Prince et de le faire vivre avec elles.

Dans le fond, tous ceux qui s'intéressent à cet excellent Prince doivent être bien aise qu'il se rende au rang, dans lequel il doit être, et qu'à l'âge de quarante ans, il mette une extrême décence dans sa conduite et qu'il vive avec la dignité qui lui convient.

Je plains en même temps Marquise, dont je n'ai que du bien à dire... elle s'est toujours très bien conduite depuis neuf ans qu'elle est la maîtresse de Mgr et je suis très convaincu que si ce bon prince s'éloigne d'elle, parce que son goût est usé, il est encore plus éloigné de l'abandonner à jamais, et qu'il mettra toutes les meilleures façons possibles à la séparation.

Mais si excellentes que soient ces façons, Marquise sera quelque temps sans pouvoir s'en contenter. non pas qu'il soit besoin de dire que ce n'est point l'amour qui la guide : l'ambition est sa passion favorite. je ne l'ai jamais crue trop sensible à l'amour...

Cette séparation au reste n'est point totale jusqu'à présent, mais toutes les apparences sont pour qu'elle le devienne ; c'est ce que quelques mois éclaireront, il faut attendre que Mme de Montesson prenne couleur. Malgré l'auguste douleur qu'elle a si vivement marquée de l'éclat qu'a fait cette histoire, elle est peut-être dans la plus grande impatience d'en confirmer la vérité et de se déclarer la maîtresse du Prince. (2)

N'ignorant rien des coquetteries de Mme de Montesson auprès du Duc, Mlle Le Marquis souffre à l'écart dans un silence entrecoupé de soupirs et de larmes : car la pauvre « courtisane » (comme l'appelle Mme de Genlis, la nièce de Mme de Montesson, du haut de son dédain superbe) n'est plus assez jeune d'allures, assez fraîche pour espérer le succès dans la lutte contre sa rivale.

Elle ne peut lui opposer que son titre de mère et sa fidélité.

C'est beaucoup sans doute pour la conscience du duc d'Orléans, qui a la religion du devoir, mais ce n'est pas assez pour arrêter les progrès de sa passion nouvelle, pour modérer cet amour qui l'envahit de plus en plus et l'entraîne comme malgré lui vers Mme de Montesson.

*
* *

Donc, Mlle Le Marquis n'assiste plus guère aux fêtes données par le duc au Raincy, mais l'accès du château ne lui est pas interdit.

Les deux parcs de Villemomble et du Raincy sont voisins, un mur seul les sépare, dans lequel s'ouvre une porte qui permet le passage de l'un à l'autre avec la plus commode discrétion. (3) Le duc en use volontiers et s'il se montre moins souvent dans les réceptions en compagnie de sa maîtresse, s'il paraît moins empressé auprès d'elle en présence de sa cour, du moins ne peut-on pas encore supposer la fin de leur intimité.

Mlle Le Marquis a pour elle la douce tyrannie de l'habitude ; elle ne peut cependant pas raviver les sentiments de son ami par le rappel des tout premiers moments de leurs amours, car ce serait en même temps faire ressurgir ce qu'elle voudrait

<hr>

(2) Journal de Collé, édition de 1868, Paris, Didot, tome III, p. 110-112.

(3) En 1813, l'architecte Fontaine écrivait au baron de Costaz, directeur des bâtiments du Domaine, au sujet de l'entretien des murs du parc du Raincy :

« Monsieur d'Orléans avait au pourtour de toutes les murailles de son parc un droit d'échelle ; il en jouissait et faisait élaguer lui-même. Mme de Villemomble, qui vivait en bonne intelligence avec le Prince, obtint de lui la permission de se clore sur le mur de clôture entre son parc et celui du Raincy, etc... »

bien qu'on oublie : la bassesse de ses origines et ses débuts dans la galanterie.

Au contraire, et bien avisée certes en cela, l'ancienne danseuse légère sait maintenant affecter une tenue sérieuse, digne du haut rang auquel elle se trouve élevée : maîtresse du premier prince du sang, n'est-ce pas, en effet, dans une monarchie, la plus haute situation sociale pour une femme, après celle de maîtresse du roi ?

Depuis qu'elle habite Villemomble, elle y mène une vie de châtelaine respectable et respectée ; on ne l'appelle plus que Madame de Villemomble.

Elle dirige sa seigneurie (4) en « dame » soucieuse à la fois de ses intérêts, de son prestige et de ses devoirs envers tous ; elle est charitable et compatissante.

Elle reçoit les honneurs à l'église et les rend en bienfaits. En 1770, puis en 1772, elle est trois fois marraine de cloches. Deux portent en souvenir d'elle les noms de Marie et Étiennette. Seule la troisième est nommée Jeanne pour satisfaire le parrain, Messire Jean-Baptiste Girardot, seigneur de Launay, chevalier de l'ordre royal et militaire de Saint-Louis, brigadier des armées, maréchal des logis et premier aide-major en chef des mousquetaires noirs de la garde du roi : Il faut bien que le vénérable prieur-curé, messire Étienne Quoinat, ménage aussi son fidèle paroissien, le noble possesseur du très important fief de Launay. Mais on sent que la dame de Villemomble est vraiment la personne la plus révérée de la paroisse. Et l'on doit toujours compter avec son influence, car elle a des retours de faveur auprès de Son Altesse.

Quatre ans, cinq ans et plus se sont écoulés depuis que d'aucuns ont prévu — ou souhaité sa disgrâce au profit de Mme de Montesson : pourtant elle est toujours la maîtresse en titre du Prince.

Même, une lueur de confiance et d'espoir brille de temps en temps aux yeux de Mlle Le Marquis : c'est quand le Prince, qui, selon Collé, était « extrêmement doux et agréable dans le commerce intime », s'est montré prévenant et affectueux pour elle.

Alors elle cherche à le ramener tout à fait par de bonnes paroles, par le tableau de leur bonheur passé, surtout par le riant aspect de ses trois enfants au frais et doux visage, pressés en groupe autour d'elle et qui enveloppaient leur père de leurs caresses, comme une chaîne vivante et fleurie.

Le Prince se laisse émouvoir, son cœur se gonfle d'aise ; il s'épanouit, il sourit à ces scènes d'intérieur et paraît vaincu ; mais quand sa maîtresse croit le tenir, l'avoir endormi parmi le palais enchanté des douces réminiscences, l'oiseau doré prend son vol et va se poser respectueusement aux pieds de Mme de Montesson.

IV

La vie de Mme de Montesson est le plus éloquent, le plus expressivement « vécu » des commentaires sur l'art de parvenir.

Des traits fades, un minois agréablement chiffonné mais qu'un artiste n'appellerait point beau ; un sang noble sans rien d'illustre, une épaule plus haute que l'autre, aucune fortune, voilà ce que Charlotte-Jeanne Béraud de la Haie de Rioux, future Montesson, avait trouvé dans son berceau (1).

---

(4) C'était une châtellenie avec toute justice haute, moyenne et basse, et un domaine ancien de plus de 600 arpents. La terre seigneurie de Noisy-le-Sec proprement dite en dépendait, ainsi que les fiefs Leconte-Lecerc, Lévêque, Bon Recueil, situés à Villemomble ; un autre dans le parc d'Avron qui reçut vers 1770 le nom de fief d'Auvilliers ; et encore les fiefs Moineau à Nogent-sur-Marne et de l'Hôtel-Rouge à Fontenay-sous-Bois.

En plus des 600 arpents de bien fonds de la seigneurie, il y avait près de 140 arpents de bois situés au long du parc du Raincy, vers le village de Villemomble et aussi vers Rosny et sur la limite des terres de Bondy et qui venaient en grande partie d'une distraction du domaine royal, faite au profit de Jacques Paget, en même temps que celle faite pour le compte de Bordier par l'intermédiaire du sieur Raveneau, en 1657. (V. notre **Histoire de la Forêt de Bondy-Livry**, chap. V.)

Le domaine de Mᵐᵉ de Villemomble relevait en partie du roi, au Châtelet de Paris, en partie de la seigneurie de Montjay. Dans les 200.000 livres du prix total de la vente par Paulin d'Aguesseau au duc d'Orléans, de la seigneurie de Villemomble, du fief des Vieilles-Vignes, ainsi que de la terre de Noisy, les parties relevant du roi entraient pour une somme de 107.770 livres.

La mairie actuelle de Villemomble occupe l'emplacement du château dont elle utilise les bâtiments du XVIIIᵉ siècle.

En effet, l'ancien château féodal à tourelles, entouré de fossés pleins d'eau vive, avec deux ponts-levis, une belle chapelle et deux étangs, l'un de 43, l'autre de 25 arpents, était tombé en ruines dans la seconde moitié du XVIIᵉ siècle. L'auteur du « Supplément aux antiquités » de Dubreul, imprimé en 1639 en donnait encore une description de visu ; tandis que Lebeuf, 90 ans plus tard, disait « il reste des tourelles de ce vieux château, proche de l'emplacement de l'église démolie vers 1670, sur la gauche du grand chemin conduisant vers Gagny » ; ce qui correspond à la place de la mairie actuelle.

Vers 1678, Bénigne Iᵉʳ Le Ragois de Bretonvilliers, acquéreur de la seigneurie de Villemomble après Jacques Paget, avait délaissé ces restes vétustes pour la belle maison d'Avron que son père Claude Le Ragois avait fait construire vers 1645. Puis en 1765 les deux domaines étaient passés en des mains distinctes : Mᵐᵉ de Montmirail, descendante des Bretonvilliers, avait vendu séparement Avron et Villemomble.

Alors la vieille demeure avait été relevée par Jean-Baptiste-Paulin d'Aguesseau suivant le goût du jour : les fossés remplacés par des terrasses, le parc aménagé ; Mᵐᵉ Le Marquis avait poursuivi les transformations.

(1) Née à Paris, le 5 octobre 1738, Mᵐᵉ de Montesson n'avait qu'un an de moins que sa rivale née en 1737 ; mais elle était plus jeune d'allures et de caractère.

Elle était petite, mais assez bien venue quoiqu'une de ses épaules se montrât légèrement plus haute que l'autre et que son dos fut en vérité plus arrondi que sa poitrine. Blonde, sa figure sans être jolie ne laissait pas que d'être agréable, fraîche, rose et vive, éclairée par deux grands yeux bleu foncé, rieurs et mutins. Le nez cependant était un peu trop long, mais les dents étaient superbes et

Comment, munie d'aussi médiocres armes, cette femme allait-elle devenir presque duchesse d'Orléans, avec une réputation d'esprit et de maint autre mérite, sans oublier la beauté ?

Madame de Montesson

La jeune Charlotte avait joui d'une enfance terne et son instruction, comme d'ailleurs celle de presque toutes ses contemporaines de la petite noblesse formait un bagage peu étoffé.

À dix-huit ans, au cours de ses promenades quasi quotidiennes au Luxembourg, elle s'était vue remarquer par un gentilhomme septuagénaire : c'était M. de Montesson, veuf, pourvu d'un titre de marquis et d'une grosse fortune.

Charlotte, dont l'idéal était surtout pratique, l'avait épousé le 11 octobre 1757.

Chose étrange, ce mariage n'avait point mal tourné. La jeune femme avait gardé vertueusement fidélité à son vieux mari. Toutefois cette fidélité ne lui faisait pas négliger le monde. Elle eut au suprême degré l'art de s'y pousser.

Ses manières réservées, empreintes de simplicité voulue et de « sensibilité », un certain art de comédienne dans le genre langoureux et mièvre qu'elle ne cessait de pratiquer, la firent admettre sans trop de difficultés parmi la haute société du temps.

Trois ans avant la mort de son mari, arrivée en juillet 1769, Mme de Montesson élevait déjà en silence le savant édifice de ses plans et de ses projets (2).

Car cette femme était astucieuse.

Elle jouait la comédie avec un naturel charmant et ordinairement, quand une femme joue si bien la comédie sur les planches, il est rare qu'elle ne soit pas tentée de la jouer quelque peu dans le monde.

Bref, selon Chamfort, — juge difficile — elle était une des quatre femmes à la mode qu'on citait alors comme « actrices accomplies ».

En outre, elle composait des pièces de théâtre qui n'étaient pas dépourvues d'un certain mérite et ces différents talents, surtout le premier, captivaient le Prince.

D'ailleurs pour mieux se faire valoir auprès de lui, elle mettait en usage quelques ruses : des compères, des prôneurs lui venaient en aide.

En littérature, elle avait des faiseurs. Quand elle chantait ou quand elle exécutait des morceaux de harpe on la soutenait et on la suppléait dans la coulisse.

Elle avait recommandé à Monsigny et à Sedaine « de ne lui donner que des louanges aux répétitions (où se trouvait le duc d'Orléans) et de ne lui donner des *avis* qu'en particulier. »

Du reste, elle épuisait tous les autres moyens de séduction qui étaient à sa portée.

Tour à tour sentimentale ou folâtre, sérieuse ou légère, elle avait des élans d'effusion et de sensibilité, des manières enjouées et familières. Un jour, faisant allusion à l'embonpoint excessif de Son Altesse, qui, par une chaleur accablante était en nage et soufflait comme un simple mortel, elle l'appela *gros père*, et cela « avec une telle gaîté et une telle gentillesse, dit Mme de Genlis — qui pourtant n'est pas admiratrice de sa tantâtre — que de ce moment elle lui gagna le cœur, et il en devint amoureux. »

Alors elle le tint sous le charme, l'agaçant, l'excitant, éveillant ses désirs, mais sachant l'arrêter assez à point dans cette voie pour qu'elle pût dire en le quittant. « Jamais heureux, jamais désespéré. »

Car elle ne voulait pas céder au Prince sans devenir sa femme légitime.

Or, le projet de mariage soulevait bien des oppositions.

Le fils de Louis-Philippe, duc de Chartres, marié à Mlle de Penthièvre, s'était mis ouvertement en travers.

Le jeune duc avait beau faire fi — lui aussi — de l'opinion, il ne se souciait pas de voir son père contracter un second mariage aussi disproportionné et avec une femme qu'il détestait par surcroît (3).

Mme de Montesson dut jouer grand jeu. Elle feignit d'éprouver la constance du prince, exigeant qu'il prît mûres réflexions. Elle allégua sa santé et remit le mariage à deux ans, en le subordonnant même au consentement du duc de Chartres.

Surpris, presque désarmé, celui-ci accepta et le roi Louis XV accorda son autorisation, mais seulement à un mariage secret.

En vain Louis-Philippe fit-il démarches

---

se laissaient voir volontiers entre des lèvres bien dessinées et un peu renversées.

Son portrait fait par Jean Billard la flatte peut-être un peu.

(2) Voy. ci-dessus ce qu'écrivait Collé en 1766.

(3) On a prétendu que Mᵐᵉ de Montesson, préférant les hommages du père à ceux du fils, avait repoussé les avances du duc de Chartres et que celui-ci en gardait quelque rancune.

MADEMOISELLE LE MARQUIS, DITE MADAME DE VILLEMOMBLE, ET SES ENFANTS.
Reproduction d'une gravure faite d'après un dessin du temps.

sur démarches ; en vain s'alla-t-il jeter, lui, premier prince du royaume, aux genoux de Mme du Barry, Louis XV ne permit rien de plus. Il voulait bien tolérer les projets d'amour honnête de son cousin, mais pas en sanctionner les conséquences, ni légitimer les enfants qui pourraient naître.

Or, les deux ans s'écoulaient bien lentement ! Le rôle de Mme de Montesson, devant les instances de son amoureux, était bien difficile à tenir. Et l'on jasait fort à la Cour et à la Ville.

L'ambitieuse se détermina à quitter momentanément Paris et le Raincy pour un voyage en Belgique et à Spa.

La correspondance échangée pendant ce voyage nous intéresse beaucoup.

Non seulement on y surprend le duc d'Orléans dans sa naïveté sentimentale et son attachement pour la fine et doucereuse Montesson, mais on y voit les goûts simples et bourgeois de ce grand seigneur, la vie matérielle qu'il menait au Raincy ; enfin, on y trouve la preuve de l'influence que la marquise dut avoir sur les changements du château et particulièrement sur la transformation du parc en un jardin de style « paysagiste ».

Voici quelques extraits, tant des lettres du Duc que de celles de Mme de Montesson (4).

Le duc d'Orléans à Mme de Montesson.

Raincy, le 22 may 1773.

J'ay vu hier Mme de Gourgues avant de partir pour venir ici ; elle était sur sa chaise longue et me reçut fort médiocrement (5) ; elle me demanda si j'avais eu de vos nouvelles... Elle vous écrira par la poste à La Haye où je compte que vous recevrez cette lettre.

. . . .

Je vais m'occuper pendant le temps que je serai ici de l'arrangement de nos chevaux bais. J'en ai déjà essayé deux qui sont superbes, et qui vont à merveille ensemble. Je me suis levé de bonne heure pour aller à la messe qui doit se dire à 9 heures et je me recoucherai après. Ah ! chère amie, j'attends avec bien de l'impatience qu'il soit 11 heures, car j'espère qu'à cette heure là je recevrai de vos nouvelles...

Mme de Montesson au Duc.

Bruxelles, le 23 may 1773.

Je n'ai le temps de vous écrire qu'un mot, cher ami, parce que je vais dîner à la campagne chez le prince Charles, qui se met à table à une heure... (6).

J'ai vu hier, cher ami, une berline anglaise, qui me tente infiniment... Elle est d'une forme qui me plaît, elle est fond vert avec des corps dorés, doublés de calmande d'Angleterre... Elle est disposée pour être d'une manière bien commode en chaise longue... On en veut cent-soixante-dix louis... Consultez M. de Boisandré (7) et mandez-moi si vous voulez que je la prenne...

J'ai voulu prendre vos ordres pour cela comme pour tout, parce que tout en moi vous est soumis, et ce joug me paraît si doux que je ne le changerais pas contre toutes les dominations possibles, car vraiment je vous aime mille fois plus que je ne vous l'ai promis.

Le duc d'Orléans à Mme de Montesson.

Raincy le 25 may 1773.

Ah ! quelle charmante lettre, chère amie ! Mon Dieu qu'elle me fait plaisir !... J'ai parlé à Boisandré de votre berline. Il pense comme moi qu'il n'y a pas à hésiter à la prendre...

La voyageuse arrive en Hollande. Elle a traversé la France et la Belgique. Elle pénètre dans ces Pays-Bas si caractéristiques, si chers aux âmes artistes. Mais l'âme de Mme de Montesson est si superficielle, si sèche, qu'elle reste insensible au charme mélancolique du pays hollandais.

D'ailleurs elle ne pense qu'à son ambition, à ses visées sur le Prince. Elle ramène tout aux projets en cours. Ainsi ce qu'elle remarque le plus dans l'aspect si particulier du pays, ce sont les petits jardins étriqués chers aux Hollandais ; elle les voudrait au Raincy.

Amsterdam, le 30 may 1773.

Ah ! mon ami, que je regrette de ne pas vous avoir avec moi dans ce charmant pays...

J'ay été voir une maison de campagne dans les environs de La Haye, plus charmante que vous ne pourriez l'imaginer. J'ai pensé tout de suite à mon ami. Ce sont des canaux, des petits ponts, enfin des délices que je voudrais transporter au cher Raincy, quoi qu'il me plaise infiniment sans ces moyens ; mais ils l'embelliraient encore bien.

Quant au Duc, lui, il ne pense toujours qu'à satisfaire les désirs de sa correspondante et rapporte vers elle toutes ses pensées.

Raincy, 1er juin 1773.

Je me sers depuis que je suis ici pour mes promenades de vos chevaux pour ma petite calèche ; je les ai menés plusieurs

---

(4) D'après J. Harmand, L'automne d'un prince, 1910.

(5) La Présidente de Gourgues, dame d'Aulnay-sous-Bois, très intime amie de Mme de Montesson. Mme de Gourgues, dans cette correspondance, est continuellement appelée : « ma sœur » par la marquise et « notre sœur » par le Prince. Elle était malade ; l'aggravation de son état servit de motif, comme on va le voir, au retour de Mme de Montesson.

(6) Il s'agit du prince Charles-Alexandre de Lorraine, vice-roi des Pays-Bas.

(7) Jacques-Henri-Anselme-Joseph-Auguste Poret de Boisandré, ancien capitaine de cavalerie, intendant gouverneur du Raincy, écuyer commandant des écuries et véneries de S. A., personnage tout dévoué à la Marquise aussi bien qu'au duc.

M. de Boisandré avait un hôtel à Paris, rue Neuve-des-Petits-Champs, une maison de campagne à Livry et, de plus, pour les besoins de son service, un appartement au château du Raincy.

fois avec plaisir, ils vous ont appartenu et...
quoy qu'ils aient changé d'écurie, vous appartiennent encore... J'espère que vous serez contente de vos chevaux bais...

Adieu, ma chère amie... Notre séparation m'afflige, me laisse un vide que rien ne peut remplacer...; sans cette parole que vous m'avez donnée, je ne crois pas que j'eusse pu résister à une aussi longue absence.

L'impatience de l'amoureux « gros Philippe » est visible, et Mme de Montesson commençait à se demander sérieusement si elle n'avait pas fait une maladresse en s'engageant dans un si long voyage, lorsqu'une lettre lui annonça que sa grande amie, la présidente de Gourgues, malade de tout temps, était au plus mal.

Elle trouva là un prétexte providentiel pour justifier son retour immédiat ; elle arriva à Paris le jour même où mourut la malade.

« Sa douleur est extrême, manda Mme du Deffand à Horace Valpote (13 juin 1773) ; elle est allée trouver M. le duc d'Orléans au Raincy, et quelques-unes des plus intimes amies de la défunte s'y sont rendues auprès d'elle. »

Il fallait en finir.

Nos deux héros avaient suffisamment prouvé la solidité de leurs sentiments. Ils montraient depuis trop longtemps assez de constance pour que le mariage ne fut pas enfin célébré.

C'est le 28 juillet 1773, — à minuit selon l'usage — que l'abbé Poupart, curé de Saint-Eustache, bénit, dans la chapelle de l'Hôtel de la Chaussée d'Antin, cadeau de Son Altesse à sa future femme, le mariage du premier prince du sang avec la marquise de Montesson. Mais l'acte devait officiellement demeurer secret (8), le roi n'avait permis qu'une union morganatique, la marquise n'acquérait aucune espèce de prérogative et ne devait pas se présenter à la Cour.

V

Le mariage du duc d'Orléans établit entre le Prince et Mlle Le Marquis une ligne de démarcation définitive, mais qui ne fut peut-être pas aussi nette, aussi tranchée que l'eût désirée Mme de Montesson ; car si, au point de vue des petits soins et de la galanterie, cette séparation était réelle, absolue, elle n'était qu'apparente en ce qui concernait les intérêts matériels le Duc ayant accordé à son ancienne maîtresse, en la quittant, une rente de 200.000 livres ; ainsi qu'un hôtel rue de Grammont, au coin du boulevard des Italiens.

Mlle Le Marquis assura le Prince qu'elle l'aimait pour lui-même, et si fort que son plus grand bonheur était de faire sa volonté, maintenant, comme elle l'avait faite toujours ; qu'elle avait l'intention de se consacrer exclusivement désormais à l'éducation de ses enfants dont il avait la bonté de lui laisser la garde... et dont il assurait d'ailleurs l'avenir.

Tout le monde se plut à faire l'éloge de Mlle Le Marquis.

Celle-ci, par dépit, et pour ne plus avoir à s'approcher du Raincy où triomphait sa rivale, parut d'abord vouloir vendre ses propriétés de la région.

Elle céda la terre de Noisy-le-Sec à M. Mathieu-Louis de Mauperché, le 2 juin 1775; mais le temps ayant atténué sa déconvenue, elle se décida à garder définitivement la terre de Villemomble.

Donc : un hôtel, une maison de campagne, plusieurs centaines de mille livres de capital connu, sans compter ce qui nous échappe, tant en bien-fonds qu'en valeurs diverses (1) ; des bijoux magnifiques, un mobilier à l'avenant et plus de 200.000 livres de rentes voilà qui permettait à Mlle Le Marquis de faire figure dans la société et de vivre à sa guise.

Elle prit ses aises, ne se refusa aucune distraction mondaine, eut sa loge au théâtre où jadis on l'avait vue sur les planches (2). Enfin elle s'installa confortablement dans son hôtel de Paris où, grâce au crayon d'un élève de Carmontelle, reproduit en gravure dans les *Monuments de la Maison de France*, il nous est donné de la voir au milieu de sa jeune famille (3).

L'artiste nous la montre assise dans son cabinet, en élégant déshabillé du matin.

Sa figure, représentée de face cette fois (la gravure d'après le buste fait par Defernex en 1766 nous la montrait de profil) paraît un peu fatiguée et est rehaussée d'une forêt de cheveux relevés en natte sur le front et retombant en boucles derrière l'oreille.

Ce doit être le jour de sa fête, car ses trois enfants ont chacun à la main une fleur

---

(8) Il fut dissimulé dans le registre paroissial par une feuille de papier blanc collée par-dessus.

Les témoins du duc d'Orléans étaient : 'e vicomte de la Tour du Pin, son premier veneur, et Poret de Boisandré, gouverneur du château du Raincy. Ceux de la marquise : Jean Dupont, seigneur de Maudron, intendant du Bourbonnais, et Maximin Demary, secrétaire des commandements du duc.

---

(1) Vers 1776, mariant au comte de Vassan la fille qu'elle avait eue du marquis de Villeroy, elle put la doter d'une somme de 200.000 livres ; qui ne furent peut-être pas immédiatement payées il est vrai.

N'oublions pas que 200.000 livres vaudraient un million à l'heure actuelle.

(2) Relevé dans la liste des abonnés de l'Opéra en 1778 : (**Bull. soc. hist. de Paris,** 1891). Dame Etiennette-Perrine de Villemomble, demeurant rue de Gramont, une moitié de loge de six places, 1500 livres. »

(3) La gravure en question rend, aux trois quarts d'exécution, le dessin original que l'auteur n'a pas signé mais que les connaisseurs, suivant Combrouse, « pensent devoir attribuer à un bon élève de Carmontelle ».

Le graveur, à ce qu'il nous semble, dut être un traducteur bien infidèle. Son trait est malhabile. La figure de Mme de Villemomble, notamment, paraît peu ressemblante et vieillie plus qu'il ne se devrait.

qu'ils lui présentent en même temps sans doute que leurs hommages.

Les deux frères sont vêtus en abbés, soutane, rabat, petit collet.

Saint Farre placé à sa gauche presse d'une main celle de sa mère qui lui montre un manuscrit posé sur la table et où elle a écrit quelques avis à l'usage de l'aîné de la famille. La physionomie du jeune homme est ouverte, épanouie, rayonnante de malice.

Saint-Albin placé à sa droite, a peu d'expression dans les traits ; son front est fuyant, ses yeux à demi fermés.

Quant à Mlle d'Auvilliers, elle est à moitié cachée derrière le fauteuil de sa mère, sur l'épaule de laquelle elle pose sa main droite. Sa figure, d'un ovale un peu prolongé est cependant assez régulière ; mais elle a sur sa tête un de ces énormes échafaudages de plumes, de gazes et de fleurs, qui, au rapport d'un auteur contemporain, « faillirent opérer une révolution dans l'architecture en obligeant de hausser les portes et les plafonds des loges de théâtre » et cet édifice, dont la jeune fille est surchargée, alourdit le jeu de ses traits, en altère les lignes (4).

Avec un tact parfait et une abnégation dont il existe des preuves touchantes, Madame de Villemomble s'effaça toujours quand cela fut nécessaire pour être utile à ses enfants, et fit en sorte qu'ils souffrissent le moins possible de sa situation irrégulière. C'est très certainement à cette discrétion que ceux-ci durent d'être toujours traités de la manière la plus flatteuse par les membres de la maison d'Orléans.

En 1781, sept ans après la séparation, Collé raconte que les habitués du Palais-Royal regrettaient tous les jours Mlle Le Marquis et la louaient « sur la manière prudente et honnête dont elle avait élevé ses enfants ». (6)

A cette date, tous trois étaient établis, casés, les deux fils dans les ordres comme on vient de le voir.

Le duc, leur père, les avait voués au célibat pour éteindre en eux sa descendance masculine de la main gauche. Ce n'était pas très moral, mais c'était l'usage. Il est vrai que pour les dédommager il leur avait fait octroyer toutes les satisfactions possibles de luxe et de vanité.

Le préjugé de la naissance illégitime n'existait alors que pour la roture. Il s'effaçait lorsqu'on était issu de souche noble, et surtout lorsqu'on avait eu l'insigne honneur d'être présenté au roi. Or cette présentation avait eu lieu pour les deux frères qui jouirent en conséquence du droit de mettre dans leurs armes une couronne de comte, et de faire porter à leurs gens la livrée de la Maison d'Orléans.

Ainsi parés pour la vie, ils devinrent hommes du monde encore plus qu'hommes d'église et firent assez bonne figure comme mauvais sujets, sous les noms d'abbé de Saint-Farre et d'abbé de Saint-Albin, dans le troupeau musqué et enrubanné de petits abbés de cour. (7)

La fille appelée Marie-Perine-Etiennette

---

(4) Le dessin qui nous occupe paraît avoir été composé vers 1777 ou 1778, c'est-à-dire un peu avant le mariage de Mlle d'Auvilliers au comte de Brossard et lorsque les deux frères étaient abbés.

Nous lisons à ce sujet, dans les **Mémoires secrets** de Bachaumont, à la date du 8 juillet 1778 : « M. l'abbé de Bourbon est toujours au séminaire de Saint-Magloire où il occupe une maison particulière : MM. de Saint-Fare et de Saint-A'b'n, les bâtards du duc d'Orléans et de Mlle Marquise, aujourd'hui Madame de Vi'lemomble, y sont aussi, mais ne fraient point avec le premier : la mère s'y oppose. »

(5) L'abbé de Saint-Farre déclare qu'à la mort de leur père, « son frère et lui jouissaient de 200.000 livres de rentes, ce qui n'aurait fait que s'accroître sans à Révolution ». Les deux abbés furent toujours, dans les moments difficiles, protégés par leur « sœur », la duchesse de Bourbon et grâce à l'entremise de celle-ci, secourus, après la Restauration, par le duc d'Orléans et Mme Adélaïde

Mlle d'Auvilliers bénéficia de faveurs analogues qui s'étendirent même à sa descendance : en 1827 son petit-fils Louis-Philippe Brossard (voir p'us loin) fut filleul du duc et de la duchesse d'Orléans.

On a même voulu attribuer à Mme de Montesson un rôle protecteur vis-à-vis des enfants de la femme qu'elle avait supplantée dans le cœur du gros Philippe. Mais c'est à tort. La vérité est que leurs relations furent empreintes d'une grande correction, de courtoisie si l'on veut, calculée sans doute mais effective : elle les admit en sa présence auprès du lit de mort de leur père. C'est tout, on ne pouvait d'ailleurs décemment lui demander rien de plus.

(6) « Tout le bien que je dis de Mlle Marquise tout le Palais Royal l'a répété, même après sa disgrâce ; et on l'y regrette encore aujourd'hui : je dis les gens les plus sensés : M. de Belle-Isle par exemple. En 1780 je l'ai entendu la louer sur sa conduite passée, sur sa conduite présente et la manière prudente et honnête dont elle avait élevé ses enfants et dont elle les tient encore, et finir par faire éloge de sa bonne tête. En un mot les regrets du Palais-Royal sur ce qu'elle n'y est plus ne font qu'augmenter tous les jours : **Pauca intelligenti** ! (Note de Collé, 1781.)

(7) Louis-Etienne, comte de Saint-Farre, né à Paris le 21 février 1759, abbé avant 1778, devint vers 1780 abbé de Livry.

En 1784, il était prêtre de Paris, grand vicaire du diocèse de Toulouse et prieur commendataire de Saint-Martin-des-Champs.

Il traversa assez bien toute la période révolutionnaire, suivit en Espagne, après le 18 fructidor an V, la duchesse de Bourbon sa « sœur », et ne rentra en France qu'à la chute du premier Empire en même temps que 'a duchesse qui lui fit obtenir du duc d'Orléans et de Mme Adélaïde une pension de 50.000 francs. Il mourut à Paris, place Vendôme, n° 8, le dimanche 24 juillet 1825. Furent témoins pour la rédaction de son acte de décès : Gustave Edmond, comte de Brossard, 25 ans et Jean-Michel Carette, propriétaire, 64 ans.

Louis-Philippe, comte de Saint-Albin, né à Charenton le 7 juillet 1761, frère jumeau de Marie-Perine-Etiennette d'Auvilliers, abbé comme son frère avant 1778, mena semblable vie mais avec plus de discrétion, resta toujours plus effacé et mourut à Paris dans un hôtel rue de Surène, le 13 juin 1820 ; il est enterré au cimetière du Père-Lachaise, avec son frère.

d'Auvillers fut élevée presque comme une princesse et mariée par son père au premier écuyer cavalcadour, le noble gentilhomme, comte de Brossard, seigneur des Iles Bardel. Elle fut bonne mère et sa descendance s'est perpétuée jusqu'à nos jours. (8)

VI

Ne pouvant faire porter à sa nouvelle femme le titre de duchesse d'Orléans, ni la faire admirer à l'entourage du Roi, Louis Philippe voulut essayer de la dédommager en mettant ses immenses revenus à ses pieds.

Sa vie fut organisée en conséquence.

Le premier en France, il donna l'exemple de ces grandes existences à la moderne qui se sont depuis multipliées parmi les privilégiés de la fortune.

En dehors de la chasse, et surtout de la table qui à toutes les époques de sa vie furent toujours ses plaisirs favoris, il s'occupa un peu d'agriculture et d'économie politique, — comme c'était alors la mode de le faire. Il acheta des tableaux, des livres, des meubles artistiques.

Pouvait-on lui demander davantage

Une société assez nombreuse, assez choisie, que sa femme présidait avec grâce, l'empêchait de s'apercevoir, dans les intervalles des plaisirs, de la rapidité ou de la lenteur du temps. On l'eût bien plutôt pris pour un bon garçon de gentilhomme que pour le Premier Prince du royaume de France.

Mme de Montesson, il faut le reconnaître, semblait mettre son bonheur à faire le bonheur de son mari. C'était la meilleure manière de le tenir en laisse et, par lui, de faire au fond toutes ses volontés.

Elle s'étudiait donc à lui offrir sans cesse des occupations ou des distractions variées. Quand c'en était l'époque, elle allait aux chasses, à cheval, avec lui ; ils faisaient ensemble des promenades en forêt, des parties avec leur petite cour intime : on faisait halte sous les vieux arbres et l'on causait, et l'on contait des histoires, et l'on riait. Le soir, c'était le tour de la musique, des lectures de pièces, des répétitions, des comédies.

Le temps se passait ainsi, en compagnie, de la plus agréable façon.

Si bien, qu'en voyant le duc d'Orléans sans cesse rivé à Mme de Montesson, comme son ombre, quelqu'un fit la plaisanterie, immédiatement répétée dans tous les salons, que le Prince, n'ayant pu obtenir du roi la permission de faire de Mme de Montesson une duchesse d'Orléans, s'était fait lui-même Monsieur de Montesson.

Il est singulier que, malgré l'âge, le duc d'Orléans conservât pour le théâtre un goût aussi vivace que par le passé, alors qu'il vivait en célibataire et qu'il était l'amant d'une ballerine.

Sans doute n'avait-il tant ce goût que parce que c'en avait été et c'en était toujours la mode : parce qu'il le voyait chez Mme de Montesson comme il l'avait vu chez Mlle Le Marquis : l'une le lui avait inculqué, l'autre l'entretenait. Car, voyant que le théâtre était dans ses mains habiles, un bon moyen pour maîtriser absolument le duc d'Orléans, Mme de Montesson caressait en lui cette passion le plus qu'elle pouvait.

La vie s'écoulait donc heureuse pour tous deux. Leurs étés se partageaient habituellement entre Villers-Cotterets, Sainte-Assise et le Raincy ; chaque hiver ils rentraient à Paris, tout en conservant, pour la chasse, quelque pied à terre au Raincy. (1)

Tous ceux qui ont écrit sur la fin du XVIIIe siècle, ou plutôt sur celle du règne de Louis XVI, s'accordent à dire que ce fut pour les classes aisées une période de bonheur paisible : le calme qui précède la tempête.

Jamais la sociabilité mondaine n'avait atteint en France ce degré de perfection, et l'on était bien loin déjà de certains usages du temps de Louis XV qui se ressentaient encore du passé.

L'anglomanie qui avait commencé de se manifester vers 1775 modifiait profondément le ton de la société. Malgré les défauts

---

(8) Marie-Périne-Etiennette, appelée Mademoiselle d'Auvilliers (ce nom d'Auvilliers est porté sur l'acte de baptême en l'église Saint-Maurice de Charenton) sœur jumelle du comte de Saint-Albin, née par conséquent à Charenton le 7 juillet 1761 : mariée en la paroisse St-Eustache le 24 janvier 1778 après contrat devant Lhomme en date du 17 janvier, à François-Constantin, comte de Brossard, seigneur des Iles Bardel, premier écuyer du duc d'Orléans (né en 1740, fils de Joseph-Xavier de Brossard, seigneur des Iles Bardel, ancien capitaine au régiment du Médoc), morte au château des Iles Bardel (Calvados, arrond. de Falaise), le 11 juin 1820.

De ce mariage naquirent 6 enfants dont trois moururent sans postérité.

Les trois autres étaient deux filles :

Aimée-Marie-Anne, mariée au marquis de Dampierre ;

Aglaé-Louise-Etiennette, mariée à Lambert, baron de Chamerolles et en 2° noces avec le vicomte de Bonchamps ;

Et un fils : Edmond-Gustave de Brossard, marié avec sa cousine Emma-Lambert de Chamerolles. Ses descendants sont encore aujourd'hui propriétaires du château patrimonial des Iles Bardel (Bibl. nat. Chérin, 39. — Naurov **Le Curieux**, 1887 — **Intermédiaire des chercheurs**, 1888 et 1889)

Il y eut à Avron un **fief d'Auvilliers** consistant en 8 à 9 arpents enclos dans le parc et un demi-arpent de terre au bord des « pelouses », sur lequel avait existé jadis un moulin. — Ce fief provenait d'un démembrement de la terre de Villemomble « et avait été ainsi nommé par la Dame de Villemomble » (**Notes hist. sur le Plateau d'Avron**, p. 28). Cette « dame » ne peut être que Mme Le Marquis dont la fille, nous le répétons, avait été baptisée sous le nom d'Auvilliers, dès 1761 c'est-à-dire avant l'acquisition de la terre par le duc d'Orléans au profit de sa maîtresse.

---

(1) On a trace des séjours du duc d'Orléans au Raincy même pendant la mauvaise saison, par exemple en décembre 1780.

de cette mode, on ne peut nier qu'elle ait rendu quelques services à l'esprit de sociabilité, au ton surtout des salons, en éliminant les habitudes de sans-gêne des gens à grosse joie. La tenue dès lors fut meilleure, les propos plus dignes et plus mesurés.

Déjà, vers 1772, au sujet de la petite cour du duc d'Orléans où l'influence de Mme de Montesson commençait à se faire sentir. Collé n'avait-il pas eu motif de s'écrier : « La pédante décence m'y rend froid comme un landier ! » Réflexion irrévérencieuse sans doute, mais justifiée.

Ce sybaritisme et ces goûts épicuriens tempérés de correction eurent leurs répercussions sur la destinée du Raincy.

Pour répondre au luxe habituel d'une maison aussi considérable que celle du duc d'Orléans, en même temps que pour satisfaire aux recherches de bien-être intime du Prince et de son épouse, de grands changements durent être apportés à l'ancien château de Bordier, malgré que des rajeunissements eussent été faits déjà par les précédents possesseurs.

On en refondit complètement le plan, tant dans les dispositions d'ensemble que dans les arrangements particuliers.

Le grand salon ovale du premier étage fut transformé en salle de théâtre ; le vestibule du rez-de-chaussée fournit l'emplacement d'une salle de billard et d'un salon de réception : à côté, une vaste salle à manger occupa la cage du grand escalier supprimé, et ne dut pas être la pièce la moins fréquentée par le duc, dont la réputation de gros mangeur ne se démentait toujours point. (2)

Une bibliothèque, une galerie de tableaux durent rappeler sa réputation — moins solidement fondée — d'admirateur éclairé de la littérature et des arts. (3)

Toute une aile de construction nouvelle fut consacrée aux appartements privés du Prince et de son épouse : la chambre à coucher resta longtemps célèbre : un boudoir et certain délicieux petit salon de musique en rotonde formèrent le coin préféré de Madame de Montesson.

Mais c'est surtout dans la transformation des jardins et du parc que l'influence de celle-ci se fit le plus vivement sentir. Nous avons vu dans les extraits de sa correspondance son sentiment en cette matière : il ne faisait d'ailleurs que se conformer à la mode du jour.

Le pauvre Piètre, l'honnête et fidèle architecte du duc depuis de longues années, qui ne se plia pas assez docilement aux caprices jardiniques de Mme de Montesson fut évincé par un certain Pottier, dessinateur d'occasion, qui se chargea de faire couler les rivières à contre-sens des lois naturelles et gâta la majesté du parc séculaire par des fantaisies outrancières.

Piètre resta cependant chargé des constructions plus sérieuses. Il établit dans le parc, sur la droite de l'avenue de Livry, une vaste ferme avec toutes les dépendances obligées d'une exploitation bien entendue.

C'était un véritable établissement agricole et non pas seulement une décoration de jardin comme maintes autres *fabriques*.

Il n'y avait donc pas que du factice et de l'enfantillage dans l'engouement des maîtres du Raincy pour la « nature ».

Ajoutons toutefois que pour sacrifier à la mode cette ferme était construite « à l'anglaise », que l'on allait bientôt édifier non loin d'elle de nouvelles écuries « à l'anglaise » et même une boucherie « anglaise »!

Mais le bon gros Philippe ne devait pas voir s'élever ces derniers bâtiments. Ils n'étaient que projetés quand la mort le surprit, après une courte maladie, le 18 novembre 1785, au château de Sainte-Assise, près de Melun, où il se trouvait en compagnie de Madame de Montesson.

Avec plus de piété peut-être que les représentants de sa descendance légitime, — la duchesse de Bourbon sa fille et la duchesse de Chartres sa belle-fille, — les trois enfants naturels qu'il avait eus de Mlle Le Marquis, — l'abbé de Saint-Farre, l'abbé de Saint-Albin et Mme de Brossard, — assistèrent à ses derniers moments. (4)

VII

Après le décès du duc d'Orléans, Mme de Montesson, âgée de 47 ans, se retira du monde frivole dont elle avait fait jusque-là ses délices. Cessant de se donner en spectacle en jouant la comédie, elle ferma son théâtre et vécut au milieu d'un petit cercle d'amis.

Elle traversa heureusement les premières années de la Révolution, fut incarcérée sous la Terreur, sortit de prison à la suite du 9 thermidor et recouvra ses biens.

Napoléon, dont elle avait connu intimement la première femme, lui témoigna toujours beaucoup de considération ; il lui reconnut le titre de « Veuve d'Orléans » et lui fit restituer son douaire de 160.000 francs.

Vers 1802, Mme de Montesson, trouvant que l'air de Paris n'était pas favorable à sa santé, acheta à Romainville une maison

---

(2) « Il mourut l'estomac usé, il était gros mangeur comme tous les Bourbons : il faisait des tours de force en ce genre et l'on compte vingt-sept ailes de perdrix qu'il avait expédiées en un repas. » (**Mémoires secrets** de Bachaumont et ses continuateurs 20 nov. 1785.)

(3) Bien que le Raincy ne servit, en somme, que d'habitation temporaire, la bibliothèque ne comprit pas moins de 15 à 1600 volumes, assez bien choisis, et la collection de tableaux, abondante surtout en peintures de l'école hollandaise, sera évaluée, en 1785, près de 83.000 livres.

(4) Bachaumont (**Mémoires secrets...** tome XXX p. 86) parlant de Louis-Philippe à son lit de mort, nous dit à la date du 22 novembre 1785 : « Les abbés de Saint-Farre et de Saint-Albin, ses enfants naturels, n'ont pas quitté le prince et lui rendaient tous les offices d'un garde, ainsi que Mme de ..., leur sœur. »

assez simple qu'elle fit aussitôt agrandir afin d'y pouvoir loger quelques dames et jeunes filles qui lui tenaient compagnie et lui formaient une petite cour.

Elle s'y plût bientôt tellement qu'elle ne voulut plus la quitter. Elle l'habita l'hiver comme l'été. Quant à son hôtel, situé derrière la cité d'Antin, elle le loua, ne s'y réservant qu'un pied-à-terre.

C'est là qu'elle se trouvait cependant quand elle s'éteignit, le 5 février 1806, laissant toute sa fortune au comte de Valence : un ancien « ami de cœur », disait-on, auquel elle avait fait épouser sa petite nièce, la fille de Madame de Genlis, et qui, par un juste retour des choses d'ici bas, la dominait comme elle avait elle-même dominé le duc d'Orléans.

Napoléon voulut que ses obsèques fussent faites avec un appareil tout princier, et son corps demeura exposé cinq jours durant à Saint-Roch, dans une chapelle ardente, avant d'être transporté dans l'église de Sainte-Assise pour être réuni aux restes de son second mari.

Quant à Mlle Le Marquis, si les événements révolutionnaires ne l'atteignirent pas en sa personne même, ils eurent des répercussions fâcheuses pour l'état de sa fortune.

Elle émigra d'abord en Suisse avec ses deux fils (1), puis rentra en France et vécut retirée avec les siens au Buisson de Mée, paroisse de Saint-Acquilin, près de Pacy-sur-Eure (2).

Le 23 août 1795 (6 fructidor an 3), par devant Bertels, notaire à Paris, elle vendit au banquier Ernest Lang, le château et la terre de Villemomble moyennant une somme de 50.000 livres.

La modicité de ce prix paraît singulière. Au surplus « aucune pièce n'établit la libération de l'acquéreur » (3).

Or, moins de cinq ans après, le 12 mai 1800, Mlle Le Marquis rentrait en possession de son ancien domaine, moyennant un prix déclaré de 150.000 francs, dont 16.476 seulement payés comptant en présence du notaire Mesnard, et le surplus « compensé avec des billets souscrits au profit de la dite demoiselle par le vendeur, en suite de la vente précédente ».

On peut, dans ces conditions, se demander si la première cession avait été bien sincère et ne masquait pas simplement quelque emprunt de Mlle Le Marquis au banquier parisien.

D'ailleurs, presque aussitôt (2 septembre 1800), Mlle Le Marquis revendait — et définitivement cette fois — le château et la majeure partie de tout ce qui constituait la « terre » de Villemomble au sieur Nicolas Bourelle de Sivry.

Le contrat passé devant Gibé, notaire à Paris, offre cette singularité que la cession est faite non pas au prix de 250.000 francs, montant de l'estimation, mais « moyennant 1.222 kilogrammes et 87 centigrammes d'argent fin, poinçon de Paris », représentant cette même somme. Sans doute Mlle Le Marquis avait-elle, comme bien d'autres, subi le préjudice de la dépréciation des assignats et, conservant le souvenir de cette mésaventure, entendait-elle prendre toutes garanties pour éviter semblables mécomptes ultérieurs. Car le paiement du prix de la vente n'était pas immédiat.

Mlle Le Marquis encaissa la première fraction (240 kilogs environ 50.000 francs), qui devait être et fut effectivement payée le 10 novembre 1803 ; mais elle ne vit pas le paiement du surplus.

Elle mourut à Paris, le 9 février 1806, à l'âge de 69 ans (4).

Les dispositions testamentaires de la défunte, datées du 20 août 1805, lui font le plus grand honneur : elles portent la double empreinte de son bon esprit et de son bon cœur.

Elle lègue d'abord à chacun des trois enfants qu'elle avait eus du duc d'Orléans une rente foncière de 1.000 francs, une rente viagère de 1.666 francs et un capital de 35.000 francs à prendre sur sa succession. C'était, paraît-il, tout ce dont le nouveau Code civil lui permettait de disposer en leur faveur (5).

---

(1) CH. NAUROY dans **Le Curieux**, 1887.

(2) G. COMBROUSE. **Mon. historiq.**

Ces deux assertions contredisent Honoré Bonhomme, qui dans **Le dernier abbé de Cour** prétend que l'abbé de Saint-Farre était constamment resté à Paris et qu'il avait pu y traverser impunément les plus mauvais jours de la période révolutionnaire.

Comme Bonhomme n'est pas très référencé, nous donnons la préférence à la version de Combrouse qui, par tradition verbale assez directe, connut maints faits et gestes des descendants de Mlle Marquise.

(3) Extrait, ainsi que tout ce qui va suivre au sujet des mutations de la terre de Villemomble, de divers actes officiels conservés dans les minutes notariales de Noisy-le-Sec. La contenance de la « terre » de Villemomble appartenant à Mlle Le Marquis était alors de 316 hectares.

---

(4) Ville de Paris, 2° arrond'.

Du dimanche 9 février 1806. Acte de décès de demoiselle Etiennette-Marie-Périne Le Marquis, propriétaire, âgée de 69 ans, née à Dinan, département des Côtes-du-Nord, décédée aujourd'hui à sept heures du matin, rue de Grammont. Division Lepelletier, célibataire.

Les témoins :

François-Constantin de Brossard, propriétaire, demeurant à Paris, Cour des Fontaines n° 5, division de la Butte aux Moulins (son gendre), et Jean-Baptiste-Samson Gomel, avoué, demeurant rue Neuve-des-Petits-Champs n° 26, Divis. Lepelletier, lesquels ont signé avec M. André, docteur en médecine, qui a constaté le décès et avec nous Denis-André Rouen, adjoint au maire.

(5) Articles 756, 758 et 759 du Code Civil promulgué le 5 mars 1803, aujourd'hui modifiés.

Il y avait encore 200.000 francs de créance sur M. de Sivry pour son acquisition de Villemomble, mais, comme on va le voir ils devaient être remis à la première fille de la défunte, Mme de Neuville, épouse de M. de Vassan.

« Comme Mme de Vassan a été par moi dotée par son contrat de mariage d'une somme de 200.000 livres, je n'ai pu la comprendre dans le legs que j'ai fait à mes trois autres enfants. Je

Elle s'excuse auprès de Mme de Vassan, sa première fille née du Marquis de Villeroy de ne pouvoir la comprendre dans une semblable libéralité et lui remet en souvenir quelques bijoux (5).

Elle donne à son notaire et à son procureur chacun un diamant de 3.000 livres ; à l'abbé Mayet, ancien précepteur de ses enfants, deux mille livres de rente viagère ; à l'autres personnes, parentes ou amies, quelques diamants, des bagues, une boîte d'or où se trouve le portrait du duc d'Orléans ; à quatre de ses anciens domestiques trois cents livres de rente viagère chacun ; plus, aux domestiques qui seraient à son service depuis plus de deux années au moment de sa mort, 1.200 livres une fois payées ; enfin aux pauvres de la paroisse 600 livres qui seront distribuées, moitié par le curé, moitié par les sœurs de charité, aux malades et aux infirmes.

Elle termine en recommandant « son âme à Dieu, le suppliant de lui pardonner tous ses péchés dans sa divine miséricorde ».

*
* *

Par une coïncidence singulière, au moment où le corbillard portant le cercueil de Mlle Le Marquis arrivait au pied des marches de l'église Saint-Roch, où devait avoir lieu le service funèbre, on en descendait celui de Mme de Montesson qui partait pour Sainte-Assise.

Ainsi ces deux femmes qui s'étaient affrontées dans le combat de la vie ; ces deux compagnes successives d'un même homme dont l'une, maîtresse, avait été mère, dont l'autre, épouse, était restée stérile ; ces deux rivales diversement traitées par le sort, qui sans doute s'étaient détestées, qui peut être ne s'étaient rien pardonné, se rencontraient une dernière fois sur le seuil de la Mort, où toute rivalité s'efface, où tout s'oublie.

FIN

---

connais sa délicatesse et elle y aurait renoncé ; mais désirant lui donner un témoignage de mon amitié, je lui donne et lègue des perles fines et un filé de diamants que je mets en grace et ou à mon collier.

Je prie M. de Vassan, mon gendre, d'accepter une de mes montres, à son choix... »

Et plus loin elle ajoute :

« Je donne à Mesdemoiselles de Vassan (Mme de Gouy d'Arsy et Mme de Nieuwerkerque) une bague de 1.200 livres. »

Mme de Vassan avait-elle jamais reçu les 200.000 livres promises en dot ? On pourrait le supposer ; car le 25 mars 1806, par acte devant Marchoux, notaire à Paris, le sieur Agathon Pinat des Petits Bois « légataire universel » de Mlle Le Marquis (c'est-à-dire son exécuteur testamentaire) transportait les 978 kilogs d'argent fin restant dus (= 200.000 francs) à Madame Anne-Camille de Neuville, épouse alors divorcée de Jean-Baptiste-François de Vassan. Et celle-ci, par un autre acte devant Gibé, notaire, en date du 17 mai 1806, faisait donation de 146 kilogs (= 30.000 fr) à prendre dans le montant de ce transport, à sa fille Amélie-Marie-Gabrielle de Vassan, épouse de Ange-Emmanuel-Yves-François de Sales de Gouy.

REFERENCES

En plus des sources documentaires qui ont été mentionnées à l'occasion, nous nous sommes surtout servi des ouvrages d'Honoré Bonhomme *Le dernier Abbé de Cour*, Paris, 1880 et de Joseph Turquan, *Mme de Montesson*, Paris, 1904.

Ils sont très intéressants, mais leurs assertions doivent être contrôlées et nous avons dû les rectifier sur plusieurs points. Ainsi Turquan donne l'Abbé de St-Albin comme jumeau de Saint-Farre, et l'un comme l'autre auteur semblent croire que Mlle Le Marquis aurait été quittée par le duc, aussitôt après la « surprise » de 1766.

Le lecteur ne sera donc pas étonné de nous trouver parfois en désaccord avec ces historiens, notamment sur la chronologie qu'ils brouillent un peu.

Pour établir la succession véritable des faits, nous avons dressé le tableau suivant :

1725, 12 mai Naissance de Louis-Philippe d'Orléans duc de Chartres puis d'Orléans.

1737 Naissance à Dinan de Etiennette-Marie Périne Le Marquis.

1738, 5 octobre. Naissance de Charlotte Béraud de la Haie de Rioux, future marquise de Montesson.

1743, 18 décembre. Mariage de Louis-Philippe d'Orléans avec Henriette de Bourbon-Conti.

1752, 4 février. Mort de Louis d'Orléans, père de Louis-Philippe

1754. Entrée de Mlle Le Marquis au théâtre.

1755 (vers) Mlle Le Marquis, maîtresse du Marquis de Villeroy, met au monde une fille, future Mme de Vassan.

1757. Mlle Le Marquis fait la connaissance du duc d'Orléans

1758. Le duc d'Orléans se fait nommer capitaine des chasse de Livry ; il possédait déjà à cette date écuries et chenil à Clichy.

1759, 8 février. Décès de Henriette de Bourbon-Conti, femme du duc d'Orléans.

1759, 21 février Naissance de Louis-Etienne de Saint-Farre fils de Mlle Le Marquis et du duc d'Orléans

1761, 7 juillet. Naissance de Louis-Philippe de Saint-Albin et d'Etiennette-Marie-Périne d'Auvilliers, enfants de Mlle Le Marquis et du duc d'Orléans.

1763, été. Voyage de Mlle Le Marquis en Hollande, vaudeville sur les Pays-Bas.

1766. Portrait de Mlle Le Marquis par le sculpteur Defernex.

1766, après octobre. Surprise de Bagnolet · visées de Mme de Montesson.

1767, 21 février Acquisition de Villemomble par le duc d'Orléans, au profit de Mlle Le Marquis.

1768. Projet d'augmentation du Raincy par le duc d'Orléans ; commencement des travaux en août.

1769, 9 mai. Vente de Bagnolet par le duc d'Orléans à Ageron et Jaillasson.

1769, juillet. Décès du Marquis de Montesson.

1769, 31 décembre Signature de l'acte offiviel de vente du Raincy par le Marquis de Livry au duc d'Orléans.

1770, 9 octobre Acquisition de la forêt royale de Bondy-Livry par le duc d'Orléans, en échange de la principauté de La Roche-sur-Yon.

1770, octobre. Fêtes galantes données par le duc d'Orléans à Mlle Le Marquis (Bachaumont).

1772, 23 mars. Mlle Le Marquis est marraine de deux cloches à Villemomble.

1773, 2 mai Incendie au château du Raincy.

1773, mai-juin. Voyage de Mme de Montesson en Belgique et Hollande.

1773, 28 juillet. Mariage du duc d'Orléans avec Mme de Montesson.

1775, 2 juin Vente par Mlle Le Marquis a M. de Mauperche de la terre de Noisy.

1776 (vers) Mariage de la première fille de Mlle Le Marquis avec le comte de Vassan.

1777 (vers). Portrait de Mlle Le Marquis entourée de ses enfants .

1778 (janvier ou mars). Mariage de Mlle d'Auvilliers au comte de Brossard ; ses deux frères sont à cette date abbés au séminaire de Saint-Magloire.

1785, 18 nov Mort de Louis-Philippe, duc d'Orléans.

1795, 23 août. Vente par Mlle Le Marquis au banquier Lang de la terre de Villemomble.

1800, 12 mai. Rachat de ladite terre par Mlle Le Marquis.

1800, 2 septembre. Vente définitive à Bourelle de Sivry.

1805, 20 août. Testament de Mlle Le Marquis.

1806, 5 février. Décès de Mme de Montesson, veuve d'Orléans.

1806, 9 février. Décès de Mlle Le Marquis.

1820, 11 juin Mort de la comtesse de Brossard, fille de Mll. Le Marquis.

1825, 24 juillet. Mort de l'Abbé de Saint-Farre.

1829, 13 juin Mort de l'Abbé de Saint-Albin.

Lettre de Mademoiselle Le Marquis relative à quelque arrangement avec M. de Neuville, marquis de Villeroy.

A Paris, ce 13 juillet 1770

Je vient de voir M. Jenois qui n'est point contant du chengement que vous avez fait, Monsieur, à nos articles. Je vous pris très instemment de suivre la copie que je vous envoye si joins sans y changer un mot, sent quoi je trouverois des difilgutté qui m'afligerois infiniment, et que d'alieur, tout etant signée nous ne pouvont rien y changer. Vous obligerez votres humble et très obéissante servante.

Signé : DE VLLEMOMBLE.

Je vous prieroit si cela est possible de m'aporté le contrat à lire avec la copie que je vous envoie, avant de le faire signé à M. de Villeroy demain matin.

**

Gabriel-Louis-François de Neuville (ou mieux de Neufville) appelé d'abord le comte de Sault, ensuite le Marquis de Villeroy, puis après héritage paternel : Duc de Villeroy ; — duc aussi de Retz, comte de Sault et de Joigny, marquis de la Garnache, baron de Maraye, la Guerche, Pouancé et Mortagne, Seigneur par engagement du comté de Corbeil, — fut pair de France, gouverneur du Lyonnais, Forez et Beaujolais, maréchal de camp et capitaine de la plus ancienne compagnie des gardes du corps du roi. Armes : d'azur au chevron d'or accompagné de trois croisettes ancrées du même.

Il était né le 8 octobre 1731, avait été marié, à peine âgé de seize ans, à Jeanne-Louise-Constance d'Aumont, née elle-même le 11 février 1731.

Quelques jours après son mariage, il avait été nommé garde du corps du roi dans la compagnie de son père (1er février 1747) et faisait en cette qualité la campagne de Flandre ; puis passait en 1748 au régiment de Noailles comme capitaine de cavalerie.

Il fit, comme colonel et brigadier, presque toute la guerre de Sept Ans, excepté les campagnes de 1758 et 1759 (se trouvant à la bataille d'Hastenbeck (Hanovre) le 26 juillet 1757 , à la prise de Wolfenbüttel en 1761).

La duchesse son épouse qui, le 9 mars 1759, avait obtenu les honneurs du tabouret chez la reine, mourut sans lui avoir donné d'enfants (Chérin, 146 — La Chesnaye. *Dict. de la noblesse.*)

C'est probablement à cette circonstance que la fille naturelle qu'il avait eue de Mlle Le Marquis dut de pouvoir porter le nom de Neuville, et c'est au sujet de cette fille — croyons-nous — que furent pris les arrangements auxquels la lettre ci-dessus fait allusion, mais dont la teneur reste malheureusement inconnue.

L'original de cette lettre se trouve à la bibl. de la Ville de Paris (Sévigné). nouv. acq. 146 f° 379. Nous en devons le signalement à M. Midol, l'aimable secrétaire-archiviste de la Société historique du Raincy, qui, chaque jour, avec une ardeur infatigable, ajoute à la liste déjà longue de sa Bibliographie régionale : constituant ainsi une mine précieuse de documents variés, où chaque sociétaire peut trouver matière à son choix.